¡Ssssssh hhhhhhhhhhh!

Haz del teatro algo íntimo

Llévalo siempre en el bolsillo

Cubierta y diseño editorial: Éride, Diseño Gráfico
Dirección editorial: ángel jiménez

Primera edición: diciembre, 2025

un Stradivarius en la basura
© Pedro Catalán García
© VdB, 2025
Espronceda, 5
28003 Madrid

VdB®

ISBN: 979-13-87644-65-9
Depósito Legal: M-27639-2025
Diseño y preimpresión: Éride, Diseño Gráfico

Este libro protege el entorno

un Stradivarius en la basura

caricatura teatral

Pedro Catalán García
(Madrid, 1956)

Licenciado en Geografía e Historia por la Universidad Complutense, cursó el doctorado en Relaciones Internacionales. Máster en Escritura de Guiones Cinematográficos por la Universidad Autónoma. Como investigador se ha centrado en la escenografía de la Edad de Plata. Es autor de los artículos *Ak y la humanidad: una obra bajo sospecha* (Teatro. Revista de Estudios Escénicos. 2008), *Fernando Mignoni, escenógrafo* (Revista ADE Teatro. 2009), *Mignoni: escenografías para Martínez Sierra* (Revista Acotaciones – RESAD. 2016), y de la monografía *Fernando Mignoni, escenógrafo. Teatro y cine* (RESAD, 2025). Como autor teatral, sus más de cuarenta obras, de diferente formato, han sido premiadas, publicadas y estrenadas: *Un poco de teatro, por favor.* Alhulia. 2021. Selección de diecisiete piezas teatrales. Para público infantil: *El pepino que quería ser elefante.* CCS. 2000; *El rey desnudo.* CCS. 2004. Premiadas en S. Lorenzo de El Escorial (1989), Santurtzi (1989, 1991), Hellín (1990), Albolote (2015, 2016, 2019, 2020), Trotea (Madrid, 2018, 2024) y Taetro (Chiclana, 2019, 2020). Estrenadas por Charo Soriano (*Butterfly*), Magüi Mira (*Puro veneno*), Miguel Rellán (*La conferencia*), Mª José Alfonso, Manuel Galiana (*Vieja pareja*), entre otros. Es socio de la AAT y miembro de la Academia de las Artes Escénicas.

Pedro Catalán García

un Stradiuvarius en la basura

caricatura teatral

Personajes

CYRILLE   50 años, documentalista, marido de Damia.

DAMIA   45 años, bibliotecaria, mujer de Cyrille.

NICO   22 años, estudiante y músico; hijo de Cyrille y Damia.

Acto primero

Salón de la casa de un matrimonio de clase media. Están reformando la vivienda. DAMIA *y* CYRILLE, *con ropa vieja de faena y llena de manchas de pintura, están raspando las paredes para prepararlas para pintar. En el salón todo está manga por hombro: papeles en el suelo, los muebles a medio tapar, las paredes desconchadas, botes de pintura y brochas por todas partes, escaleras, tablones, herramientas, en fin, un espacio caótico. Mientras hablan van haciendo diversas faenas y chapuzas de la casa, unas veces cerca uno del otro, otras alejados, raspan, pintan, mezclan pintura, cubren lámparas o descansan.* CYRILLE *coloca un bote con ácido sulfúrico en medio del salón.*

DAMIA   ¿Qué hay en el bote?

CYRILLE   ¡Qué va a haber! El ácido sulfúrico que hemos comprado para desatascar la bañera.

DAMIA   Deberías ponerlo en otro sitio.

CYRILLE   ¿Y dónde quieres que lo ponga si tenemos toda la casa llena de botes y cacharros?

DAMIA   Más pegado a la pared, ya sabes lo fuerte que es. Nos lo dijo el de la droguería, que tuviéramos cuidado.

CYRILLE   (*Mueve un poquito el bote, pero prácticamente se queda en el mismo sitio.*) ¡Pues eso, tenemos cuidado y ya está, que todo son pegas!

DAMIA   ¡En qué hora decidimos pintar nosotros la casa! ¡Es que no puedo más!

CYRILLE   Eso ya lo hemos hablado, así que no empieces otra vez. Fíjate en los presupuestos que nos dieron los pintores.

DAMIA   (*Fantasea.*) ¡Qué lástima no ser millonarios!

CYRILLE   (*Soñando.*) ¿Te imaginas?

DAMIA   No me lo puedo imaginar.

CYRILLE   ¡Seis, siete millones de euros!

DAMIA   Es que mi cabeza no alcanza a ver tanto dinero junto. ¿Y por qué siete millones?

CYRILLE   No ha habido acertantes en las últimas semanas y se ha acumulado un bote millonario.

DAMIA   Una fila interminable de ceros detrás de un siete. ¡Una fortuna!

CYRILLE   (*Fantasea.*) Sí, una fortuna. La de cosas que podríamos hacer con siete millones.

DAMIA   Lo primero, dejar de trabajar.

CYRILLE   Sí, eso desde luego, lo primero. Dejar el maldito trabajo. No tener que aparecer jamás por la empresa.

DAMIA   Yo pediría la excedencia. ¡Y a vivir!

CYRILLE   Qué excedencia ni qué gaitas. Con siete millones no necesitas ni la excedencia, te largas y punto, y sin dar explicaciones. Que ahí os dejo, que me marcho. Y dejas al director con dos palmos de narices.

DAMIA   Sí, pero por si las moscas, que nunca se sabe, yo pediría la excedencia, que no cuesta nada hacerlo y si hay algún contratiempo siempre tienes un puesto de trabajo.

CYRILLE   Tú estás mal de la cabeza. Con siete millones quién piensa en tener que volver a trabajar en la vida. ¡Es imposible! Si te sabes administrar, tienes dinero para vivir muy bien hasta que te mueras y hasta dejar a tus herederos.

DAMIA   Ya, pero ¿y si hay una guerra, una revolución, una crisis bestial, una inflación galopante, un golpe de estado, abolición de la propiedad privada, bloqueo de las cuentas bancarias? Mira

9

lo que pasaron nuestros abuelos, o lo que pasa en Sudamérica o en África.

CYRILLE   ¿Guerra? ¿Revolución? ¿Pero en qué tiempo crees que vives? Además, habría que ser muy estúpido para no llevar una parte del dinero a Suiza, y allí, aunque haya guerras, siempre está el dinero a salvo.

DAMIA   ¿Ah, sí? ¿Y cómo lo harías?

CYRILLE   Como lo hacen todos los que tienen dinero. Crear innumerables empresas fantasma, abrir cuentas numeradas en bancos de Ginebra donde ingresaríamos para tenerlo seguro en caso de que ocurriera algo de eso tan terrible que te has inventado.

DAMIA   A mí eso me da mucho miedo. ¿Y si nos pillan? Nos acusarían de evasión de capitales, iríamos a juicio, tendríamos que pagar a un bufete de abogados, nos podrían condenar y tendríamos que pagar la multa que impusiera el juez, y a lo peor eso nos llevaba a la ruina, menos mal que yo habría pedido la excedencia.

CYRILLE   Tú, desde luego, como agorera, no tienes precio. ¿Sabes la cantidad de gente que tiene cuentas en Suiza y en paraísos fiscales y no les pasa nada y viven maravillosamente de las rentas?

DAMIA   Son gente lista, que tiene asesores, socios, a los que tienen que pagar para que su dinero les rente y tenerlo a salvo.

CYRILLE   Bueno, mira, déjalo, porque contigo no se puede ni ser millonario.

DAMIA   Que sí, Cyrille, de verdad, si me hace mucha ilusión. La primera noche, para celebrarlo, nos iríamos a cenar y a pasarla en una suite del hotel Ritz.

CYRILLE   Sí, bien pensado, pero mejor en el Palace.

DAMIA   No sé, a mí me gusta el Ritz.

CYRILLE   No discuto tus gustos, pero es mucho mejor el Palace.

DAMIA   Ni hablar. El Ritz tiene muchísima más clase. Donde se aloja la realeza, la aristocracia, los políticos.

CYRILLE   No digas bobadas. Los grandes actores, artistas y famosos eligen el Palace.

DAMIA   Porque en el Ritz no los quieren.

CYRILLE   No los quieren porque no les pueden ofrecer el nivel que necesitan.

DAMIA   Da igual. Prefiero el Ritz, y lo celebraremos en el Ritz.

CYRILLE   Te digo que el Palace es mejor.

DAMIA   Ritz.

CYRILLE   Palace.

DAMIA   Palace.

CYRILLE   Ritz.

DAMIA   ¿Te das cuenta?

CYRILLE   ¿De qué?

DAMIA   Lo haces solo para llevarme la contraria.

CYRILLE   No digas tonterías.

DAMIA   Has dicho Ritz.

CYRILLE   He dicho Palace.

DAMIA   Mentira...

CYRILLE   Me habrás equivocado.

DAMIA   Muy bien, pues una noche al Ritz y otra al Palace.

CYRILLE   Me parece absurdo, pero en fin, lo echaremos a cara o cruz.

           (*Hace ademán de buscar una moneda.*)

DAMIA   Déjalo, déjalo, no vamos a discutir ahora por una suite de más o de menos. Prefiero hacer otros planes. Nos compraríamos un chalé en El Viso, o en La Moraleja, Boadilla, La Florida.

CYRILLE   ¿En El Viso?... ¿La Moraleja?... ¡No seas vulgar! (*Despectivo.*) Quedarnos en este país... ¡Por favor!

DAMIA   ¿Qué le pasa a este país?

CYRILLE   ¿Que qué le pasa? ¿Todavía te lo tengo que explicar?

DAMIA   ¿Entonces?

CYRILLE   Hay que marcharse, Damia. Huir de la mediocridad, alternar con la élite.

     (*Exagerando el acento francés.*)

DAMIA   ¿Francia?

CYRILLE   (*Contundente y con énfasis.*) ¡Suiza!... ¡Ginebra, Zürich, Berna, Basilea, Lucerna!

DAMIA   ¡Qué barbaridad! ¿Has repasado la geografía de párvulos?

CYRILLE   No ha hecho falta. Venía el sábado un folleto turístico con el periódico.

DAMIA   Y... ¿todo eso... está a nuestro alcance?

CYRILLE   Desde la invasión napoleónica no han vuelto a pegar un tiro.

DAMIA   ¿Y Guillermo Tell?

CYRILLE   ¡Bobadas!

DAMIA   Si tú lo dices. ¿Dónde nos instalaríamos, según tus previsiones?

CYRILLE   (*Satisfecho.*) En Zürich.

DAMIA   No está mal. En un barrio exclusivo de la ciudad.

CYRILLE   (*Sorprendido.*) ¿Y qué vas hacer tú en un barrio exclusivo?

DAMIA   Comprar un chalé de lujo, con un salón enorme, con un ventanal por el que me entre todo el sol de Zürich. (*Dudando.*) ¿Hay sol en Zürich?... Y con un jardín para llenarlo de flores y árboles y jaulas de canarios que me canten todo el día.

CYRILLE   Eso... muy bien, y luego... ¿con quién te relacionas?... ¿Con los diplomáticos, los banqueros, la aristocracia, los artistas?

DAMIA   No sé, pues no me relacionaría con príncipes, marqueses, ni condes, me relacionaría con mi familia, con mis amigos de siempre. Pero si lo tuviera que hacer ¿crees que no estaría a la altura?... ¿Piensas que por tener dinero y títulos son más que nosotros, que no son personas al fin y al cabo,... que no tengo la suficiente educación y cultura para tratarme con ellos?

CYRILLE   No he dicho nada de eso, todo son imaginaciones tuyas. Pero es evidente que nosotros pertenecemos a otra clase social. Tú eres una simple bibliotecaria,... yo soy un simple documentalista. No por tener dinero ahora vamos a ser diferentes, porque si se nos sube a la cabeza el capital nos convertiríamos en uno de esos estúpidos y ridículos matrimonios de nuevos ricos que se les nota a la legua que el dinero les ha caído del cielo y hacen ostentación luciendo joyas, trajes y coches que en su vida se hubieran podido permitir y que les vienen grandes por todas partes, y que solo son el hazmerreír de los millonarios de toda la vida. Lo mejor es comprarse el chalé en otra zona menos señorial, menos distinguida, más corrientita.

DAMIA   No hace falta que te mezcles con nadie, tú vas a tu bola, y punto. Los perros los sacaría a pasear el servicio. Si te tienes que desplazar a la ciudad o a cualquier otra parte, el chófer te saca con el Lexus o el Ferrari, el Jaguar o el Rolls Royce sin que tengas que pisar la acera ni saludar a nadie.

CYRILLE   Lexus, Ferrari, Jaguar, Rolls Royce. ¡Estupendo! ¡La casa por la ventana! Pero en algún momento tendrás que hacer vida social, en la cafetería o en el restaurante de la urbanización, en el club de golf, en el spa, en el picadero... Que no, Damia, que se nos va a notar que somos de otra clase, y lo vamos a pasar mal, además te tienes que gastar un dineral en seguridad: cámaras de vigilancia, conexión con una agencia especializada, los vigilantes de la urbanización, los perros de presa, y a pesar de todo, mira los robos que ha habido. Esos tipos no son estúpidos. Te entran de noche, te echan un espray y te despluman en un santiamén, eso en el mejor de los casos, porque en otros te pegan, te amordazan y violan a las mujeres.

DAMIA   (*Indignada.*) También pueden violar a los hombres.

CYRILLE   (*Condescendiente.*) También, también pueden violar a los hombres... y a los criados, y a los perros, y a..., bueno, que violan a todos los que se les pongan por delante... ¡Y encima te roban!

DAMIA   ¡Joder, pues a la mierda el chalé del barrio exclusivo de Zürich!... ¡Es que ya no se puede vivir con tranquilidad en ninguna parte! Además, a mí ni me gusta el golf. ni me voy a comprar ningún caballo. (*Soñadora.*) Aunque la verdad es que es un animal que me encanta, qué elegante, un caballo de pura raza española. Cómo me gustaría tener uno, acariciarlo, sacarlo de paseo, limpiar la cuadra, recoger sus boñigas doradas...

CYRILLE   Anda, bájate del caballo que te vas a marear. Un chalé tiene muchos riesgos y gastos.

DAMIA   Entonces un piso, pero un piso grande, con un salón enorme, abarrotado de libros, en un barrio residencial, un ático de lujo, que podamos ver el horizonte y toda la ciudad a nuestros pies, la copa de los árboles, orientado hacia el oeste para contemplar por las tardes el ocaso y una terraza que rodee la casa para llenarla de macetas.

CYRILLE   ¿Un ático? ¿Al oeste? ¿Tú sabes el calor que se pasa en verano en un ático y encima orientado hacia poniente, que te da el sol toda la tarde?

DAMIA   Sí, así podría tomar el sol desnuda sin que nadie me viera y ponerme morena sin salir de casa.

CYRILLE   ¡Eso es un horno!

DAMIA   ¡Ponemos aire acondicionado y toldos, que a todo le tienes que poner pegas! Además, no creo que en Zürich lleguen a los cuarenta grados. Ni a los treinta.

CYRILLE El aire acondicionado reseca la garganta. Es lo más nocivo que hay. En el trabajo lo apago. Mis compañeros se enfadan, pero no se dan cuenta de lo perjudicial que es para la salud.

DAMIA Bueno, pues el penúltimo piso.

CYRILLE Tendrás los mismos problemas. ¿Y en un barrio residencial? ¿Y la relación con los vecinos? Es que no piensas en nada. A ver qué clase de vecinos nos tocan, porque nos pueden hacer la vida imposible.

DAMIA Elegiríamos un piso tranquilo, a estrenar, que lo pudiéramos decorar a nuestro gusto.

CYRILLE No lo veo claro. En las casas siempre hay ruidos. No quiero molestar ni que me molesten. Lo primero que haría es insonorizarlo todo completamente, de arriba abajo. Y aun así seguro que se quejarían los vecinos cuando yo estuviera tocando el violonchelo.

DAMIA (*Sorprendida.*) Pero ¿desde cuándo tocas tú el violonchelo?

CYRILLE Desde el momento en que me toquen los siete millones.

DAMIA Si no acabaste ni el primer curso y hace siglos que lo dejaste.

CYRILLE   Porque no tenía tiempo. Ahora sí, y voy a hacer todo lo que no he hecho hasta ahora por culpa del trabajo. Voy a contratar un profesor particular y voy a retomar las clases de música y de violonchelo. Además, no te lo quería decir porque era una sorpresa, pero ya que ha salido el tema te lo voy a decir ahora. Me voy a comprar un Stradivarius.

DAMIA   (*Más sorprendida todavía, atónita.*) ¿Un Stradivarius?

CYRILLE   Sí, hay muy pocos en el mundo. Aquí, en el Palacio Real hay uno. Ahora que vamos a tener dinero me lo puedo permitir. Es un capricho, un capricho un poco caro, pero no es el momento de privaciones. Podemos satisfacer nuestros sueños. Es mucho dinero el que nos va a tocar. Aunque me compre el Stradivarius todavía tendríamos dinero suficiente para vivir como reyes el resto de nuestra vida. ¿Te imaginas? "Sí, es un auténtico Stradivarius". La envidia que le daría a Florencio, que siempre presume de entendido en música y de conciertos. Se quedaría con dos palmos de narices.

DAMIA   ¿Tú sabes lo que puede costar un auténtico Stradivarius? Están contados los que han llegado hasta nosotros, y solo los utilizan músicos eminentes.

CYRILLE   (*Molesto.*) ¿Qué?... Que no quieres que me compre el Stradivarius. ¿No es eso? Pues dilo. Yo no te he dicho nada del chalé, o del piso, y a mí, porque solo quiero un pequeño violonchelo, no haces más que ponerme inconvenientes.

DAMIA   No te pongo pegas, solo quiero que pienses un poco, puede valer millones. Tú sí que me has puesto inconvenientes al chalé y al piso.

CYRILLE   Solo por motivos de seguridad, nada más.

DAMIA   No tienes ni idea del valor de un Stradivarius.

CYRILLE   No, no lo sé, ni me importa. Solo sé que me compraré el mejor violonchelo del mundo. Para algo tiene que servir el dinero.

DAMIA   Tú vives en otro planeta.

CYRILLE   Muy bien. ¿Quieres saber lo que vale un Stradivarius? Lo vamos a saber enseguida, ahora mismo. (*Enfadado, deja lo que está haciendo y se dirige al ordenador y teclea.*) Stra–di–va–rius... Aquí está.

(*Se acerca mucho a la pantalla, luego se aleja, se queda atónito, sin poder decir palabra, recostado en el respaldo de la silla, hundido.*)

DAMIA   ¿Qué? ¿En cuánto se te queda con el IVA y los descuentos? (*Como* CYRILLE *no reacciona, se acerca y mira la pantalla. Segundos de silencio y asombro.*) ¡La madre que me alumbró! No tienes ni para la primera cuerda. Bueno, tal vez comprando dos, la segunda unidad te sale a mitad de precio.

CYRILLE   (*Reacciona lentamente y con torpeza.*) Esto debe de ser un virus o algo parecido, porque no me lo explico.

(*Teclea de nuevo y comprueba los resultados con decepción.*)

DAMIA   ¿Tú quieres un Stradivarius? Pues nada, lo compramos a plazos. Este año una cuerda, dentro de cinco años la otra.

CYRILLE   No nos llega, Damia, no nos llega. ¿Y qué hago yo ahora?

DAMIA   (*Tranquilizándolo.*) Seguro que hay marcas igual de buenas y más económicas. No te preocupes que tú tendrás tu violonchelo, faltaría más.

CYRILLE   (*Se levanta con mucho esfuerzo.*) Me he quedado de piedra, no tengo ni saliva, la boca completamente seca. Ni con diez veces que me tocara el premio podría conseguirlo. Rostropovich cobraría mucho por los conciertos para poder pagar las letras de su Stradivarius...

DAMIA   No seas ingenuo, Rostropovich no tendría ese tipo de problemas. No te desanimes. Algo encontraremos. (*Comprueba en la pantalla el valor de los Stradivarius.*) Espera, lee esto. Hace unos años, al solista de la orquesta de Los Ángeles le robaron su violonchelo, que era un Stradivarius, y una mujer lo encontró días después en un vertedero. Podemos probar. La gente se desprende de tantas cosas valiosas. Con un poco de suerte...

CYRILLE   (*Malhumorado.*) No tiene ninguna gracia. No querrás que me dedique a mirar barrio por barrio en los contenedores a ver si a algún imbécil le estorbaba un Stradivarius y lo ha tirado a la basura.

DAMIA   ¡Qué poco sentido del humor tienes! Vamos a seguir con lo nuestro. Oye, ¿y un loft?

CYRILLE   ¿Un loft? ¿A ti qué te ha hecho el dinero en el cerebro?

DAMIA   Nada. Ahora está muy de moda eso de tener un loft. Amplio, luminoso, minimalista...

CYRILLE   Yo necesito como mínimo una gran habitación para instalar mi estudio donde poder tocar el violonchelo y estudiar alemán.

DAMIA   (*Nueva y alegremente sorprendida.*) ¡Ah, que también vas a estudiar alemán!

CYRILLE   Por supuesto, si no, no sé cómo nos desenvolveríamos en Suiza. Pero fundamentalmente porque es el lenguaje de la música, los compositores alemanes, las partituras, Bach, Beethoven, Wagner, Stockhausen... Tengo que recuperar el tiempo perdido.

DAMIA (*Prudente.*) Entonces, el loft...

CYRILLE Sí, vale, de acuerdo, compraremos un loft, o dos, y yo me instalo el estudio en uno de ellos y abrimos una puerta que los comunique. No olvides que también sería interesante mirar una cabaña en los Alpes, sabes que siempre ha sido mi sueño tener una casa en la montaña.

DAMIA Sí, es verdad, la casa en la montaña, rodeada de bosques y cascadas. ¡Qué bonito! Para el verano sería mejor tener un apartamento en la Costa Brava, en Ibiza. o en Capri...

CYRILLE No sé qué manía te ha dado con la Costa Brava. Tiene más clase la Costa Azul.

DAMIA ¡Pues uno en Cadaqués y otro en Saint-Tropez!

CYRILLE No vayas tan deprisa, que son solo siete millones, y a eso hay que descontar el veinte por ciento que se queda el estado, así que vete restando a ver cuánto nos queda, que no vamos a tener para todo.

DAMIA Aun así todavía nos quedan cerca de seis millones, que en pesetas son...

CYRILLE ¡No pienses ya en pesetas! Eso ha quedado anticuado.

DAMIA Sí, pero si dices que nos tocan mil cuatrocientos millones de pesetas, ¿a que suena mejor?

CYRILLE Ahora lo que cuenta son los euros.

DAMIA Yo sigo echando las cuentas en pesetas.

CYRILLE Porque eres una antigua. Por cierto, ni que decir tiene que les daría algo a mis padres y mis hermanas, para sacarlos de algún apuro.

DAMIA Yo había pensado también en los míos y mis hermanos, bueno, que a este paso nos vamos a olvidar del principal, de Nico, de nuestro hijo...

CYRILLE Ya nos tiene a nosotros, y será nuestro heredero.

DAMIA Sí, pero habrá que darle algo ahora.

CYRILLE Por supuesto, le compramos un piso, un coche y le damos una cantidad para que lo ingrese en la cuenta y se lo gaste en lo que quiera, un viaje, ropa, con los amigos, lo que sea...

DAMIA Había pensado en darle doscientos mil euros.

CYRILLE (*Da un respingo.*) Tampoco hay que pasarse, que todavía es muy joven y no se sabe administrar.

Tanto dinero lo puede convertir en un inepto. Es mejor dárselo poco a poco.

DAMIA   Nico es muy sensato, lo sabes bien.

CYRILLE   De acuerdo, pero no es bueno que tan joven tenga tanto dinero de repente y no se sepa buscar la vida, que esto da muchas vueltas.

DAMIA   Pues los que nacen con dinero bien que se la saben buscar, y no creo que se priven de nada.

CYRILLE   Solo digo que no le deberíamos maleducar entregándole una cantidad tan grande de golpe.

DAMIA   Doscientos mil tampoco es mucho.

CYRILLE   ¡No he visto doscientos mil euros juntos en mi vida! Creo que sería mi sueldo de más de diez años en un trabajo medio decente.

DAMIA   ¡Qué exagerado eres! No creo que sea para tanto.

CYRILLE   Solo tienes que echar cuentas.

DAMIA   A mí me sigue pareciendo una cantidad adecuada, qué quieres que te diga, doscientos mil euros son... para ir tirando.

CYRILLE   (*Resignado.*) De acuerdo, doscientos mil para Nico. Ahora, los demás.

Damia	(*Ilusionada.*) Verás, a mis padres, por ejemplo, ¿qué te parece trescientos mil?
Cyrille	(*Asustado.*) Mal, me parece mal.
Damia	(*Ofendida.*) ¿Ah, sí? O sea, trescientos mil a mis padres ¿te parece mal? ¿Y cuánto piensas darles a los tuyos? ¿Diez euros?
Cyrille	No, mujer, diez euros tampoco... no es eso.
Damia	Entonces, tú dirás, porque tal como está el nivel de vida, con menos de eso no haces nada.
Cyrille	Había pensado en unos... ciento cincuenta mil.
Damia	¿Ciento cincuenta mil? ¿Tú crees que con eso van a poder vivir?
Cyrille	Además les queda su pensión, que no está mal, y con lo nuestro se podrán dar algún capricho.
Damia	No sé, como no se vayan de viaje a Cuenca en autocar, como algo extraordinario, otra cosa no se me ocurre.
Cyrille	¿Querían ir a algún sitio en concreto? Porque a lo mejor no les gusta viajar, a su edad, todo resulta tan pesado.
Damia	Cirylle, no sé si tendrían algo pensado, porque no se esperan que a su hija le haya tocado la lotería y sea tan rácana de no darles, después

de todo el sacrificio que han hecho por sus hijos toda la vida, al menos para un crucero por el Nilo, digo yo, como mínimo, vamos, o una escapada a Tierra Santa o al santuario de Lourdes.

CYRILLE   Damia, con ese dinero les da de sobra, no se van a gastar todo de golpe en un viaje de capricho.

DAMIA   ¡Ah, claro, y que viajen en tren un montón de horas, tal y como está mi madre de las piernas. O en un avión de esos baratos que casi tienes que ir de pie, como en el autobús, con una ridícula maletita, y que te deja en un aeropuerto a cien kilómetros de la capital, para dormir después en un hostal de mala muerte lleno de chinches y que para desayunar te dan un café de esos de máquina, que son una porquería, que la leche es en polvo, y una bollería industrial que da asco y que mi padre no puede tomar por la diabetes! ¡Es que se te ocurren unas cosas!

CYRILLE   (*Resolutivo.*) Nada, nada, trescientos mil euros para tus padres, y no se hable más, y que den la vuelta al mundo si quieren en un cohete.

DAMIA   Pitorreos con mis padres no te consiento, ¿me oyes?

CYRILLE   ¡Pero si no me estoy pitorreando! ¡Que les damos los trescientos mil!

DAMIA   Vale. Y a mis hermanos otros trescientos.

CYRILLE   (*En total desacuerdo.*) ¡Venga ya, Damia, por favor! ¡Lo tuyo no es normal!

DAMIA   ¿Cómo pretendes que les demos menos que a mis padres?... ¿Es que no lo entiendes?... ¡Que tienen tres hijos cada uno y Minerva está en el paro!

CYRILLE   Minerva está en el paro porque le da la gana.

DAMIA   ¡Bueno, esto es ya lo que me faltaba por oír!... ¡Que Minerva no trabaja porque no le da la gana!... ¿Tú estás majara o qué te has metido esta mañana?

CYRILLE   No me he metido nada,... es la pura verdad.

DAMIA   De todas formas, eso a ti no te importa y no cambia las cosas para que les demos otros trescientos mil.

CYRILLE   Que se los repartan.

DAMIA   ¡Ni hablar!... ¡Trescientos mil para cada uno!

CYRILLE   Y otro tanto para los nenes, ¿no?

DAMIA   No. A ellos les daremos una propineja,... unos diez mil para cada uno, y luego sus padres, de lo suyo, que les den lo que quieran.

CYRILLE   ¡Ah, menos mal, solo una propineja de diez mil, o sea, treinta mil euros por la cara!

DAMIA   ¿Qué es eso comparado con todo lo que vamos a ganar?

CYRILLE   No, claro, mirándolo así... nada, calderilla.

DAMIA   ¡Te has vuelto de un rácano desde que eres multimillonario! Ahora falta tu familia. ¿Qué? (*Irónica.*) ¿Les compramos un brazo de gitano y nos juntamos para celebrarlo en un banco del parque y punto?

CYRILLE   Muy graciosa. A este paso no sé si va a quedar ni para una ensaimada de Mallorca. Aquí se impone el principio de igualdad. A tus padres trescientos..., a mis padres trescientos. A tus hermanos trescientos,... a mis hermanas trescientos. A tus sobrinos diez mil,... a mis sobrinos, que también son tuyos, diez mil, ¿no te parece?

DAMIA   Tú sabrás. Tú eres el que se supone que sabe de cuentas.

CYRILLE   Es que no hay más donde rascar. Tú empieza por siete millones y vete restando,... a ver qué te queda.

DAMIA   Es lo suficiente para vivir holgadamente y sin preocupaciones, que es de lo que se trata.

CYRILLE   Te advierto que si hacemos esto con parte de la familia, algunos parientes, si se enteran, que se enterarán, se pueden sentir molestos, porque alguno también tiene necesidades.

DAMIA   ¿Y qué quieres que hagamos? No puedo convertirme en el rey Midas y repartir monedas de oro a todo el que se me ponga por delante.

CYRILLE   Tu primo Enrique, por ejemplo, seguro que lo necesita más que tu sobrino Ariel.

DAMIA   Es que nos tenemos que poner un límite, Cyrille, porque a este paso si quieres fundamos una ONG y nos dedicamos a combatir el paro, el hambre en el mundo, las enfermedades, la educación y la caza de ballenas...

CYRILLE   Por ejemplo...

DAMIA   ¡Ni por ejemplo ni narices! Nosotros no cambiaríamos de ser pobres, solo que ahora con dinero. Ya es bastante con que ayudemos a nuestra familia más cercana como para pensar en ayudar a unos cuantos miles más... ¡Es que no da, Cyrille, es que no da! Si creamos puestos de trabajo y todo... Cuando dejemos el nuestro, pues tendrán que meter a dos nuevos en nuestro lugar.

CYRILLE   O no.

DAMIA   O sí.

CYRILLE   O no.

DAMIA   Tú, con tal de llevarme la contraria... Además, siempre ha habido ricos y pobres y siempre los habrá.

CYRILLE   (*Sorprendido.*) Vaya, se te ha escapado... o... ¿lo piensas de verdad?

DAMIA   ¡Qué más da lo que yo piense! Eso no cambia la realidad.

CYRILLE   Lo que tú pienses tal vez no, pero lo que hacen otros sí la cambia... por eso la diferencia es que ahora hay muy, muy, muy ricos y muy, muy, muy pobres...

DAMIA   No tengo la receta para solucionar los problemas de los demás, bastante tengo con resolver los nuestros.

CYRILLE   Ahora la que se está volviendo rácana eres tú.

DAMIA   Yo no me estoy volviendo nada. Solo digo lo que es de sentido común.

CYRILLE   Bueno, pues con estos repartos ya vamos más o menos por la mitad.

DAMIA   Pues muy bien, suficiente.

CYRILLE   De ahí tienes que descontar el loft, la cabaña alpina, la residencia en la Costa Azul, los tres coches, el chófer, el servicio, las inversiones en Bolsa, los gastos de seguridad, el mobiliario nuevo, la ropa, el violonchelo, los perros, el caballo, el viaje en el transiberiano, los cruceros por el Egeo y el Nilo, las cataratas Mosi-oa-Tunya...

DAMIA   (*Estupefacta al oír el nombre, tarda un poco en reaccionar.*) Cyrille, cariño, de verdad que a cada momento me sorprendes con algo nuevo, es que no te conozco... ¿Qué cataratas?

CYRILLE   ¡Joder, las cataratas Mosi-oa-Tunya! ¡Todo el mundo las conoce, son el espectáculo más extraordinario de la naturaleza en el África austral!

DAMIA   Te juro que no las he oído en mi vida.

CYRILLE   ¡Claro que las has oído, pero con otro nombre. Se llamaban cataratas Victoria, en el río Zambeze!

DAMIA   ¡Ah, coño, haberlo dicho! Me dices un nombre que no conozco y de repente no entiendo nada.

CYRILLE   Hay que llamar a las cosas por su nombre. Son las que descubrió Livingstone.

DAMIA   Sí, hombre, Livingstone, si lo conozco de sobra, el explorador... ¿El doctor Livingstone, supongo?

CYRILLE   Exacto. Por ahí vas bien. Un salto de agua impresionante, más de cien metros de altura, más de un kilómetro de ancho, la Piscina del Diablo. ¡Espectacular!... ¡Verdaderamente espectacular!... ¡Cómo no vamos a ir!

DAMIA   Que sí, que sí, que vamos... (*Hiperbólica.*) ¡Si tiene que ser la hostia!

CYRILLE   Con que les demos un poco menos a tus padres, cubrimos los gastos del viaje. Si a ellos tampoco les hace tanta falta.

DAMIA   (*Molesta.*) Ya empezamos...

CYRILLE   ¡Damia, que nos vamos a quedar sin blanca, y tampoco es eso!

DAMIA   (*Firme.*) Lo de mis padres ya lo hemos hablado y ya está dicho y no se toca ni un euro. Eso es sagrado. ¿Por qué no lo descontamos de lo de tus padres?

CYRILLE   Estaríamos arreglados si se enterasen, que se enterarían. Lo tomarían como un desprecio y hacerles de menos respecto a tus padres.

DAMIA   Ya está, renuncias a tus clases de alemán.

CYRILLE   O te quedas tú sin caballo.

DAMIA   (*Indignada.*) ¡Y una mierda!... ¡Cómprate un violonchelo más barato, de otra marca! Total, no vas a notar la diferencia...

CYRILLE   (*Indignado.*) Yo he dicho que me compro un Stradivarius, y me compro un Stradivarius. ¡Vamos que si me lo compro!

DAMIA   ¡Pues nos olvidamos de Livingstone!

CYRILLE   ¡Pues nos olvidamos!... ¡A la mierda el Zambeze!

DAMIA   ¡Eso, a la mierda el Zambeze, la Piscina del Diablo y la madre que los parió!

CYRILLE   ¡Pues ya no compramos el loft!

DAMIA   ¿Pero por qué coño te vas a salir siempre con la tuya? Hemos dicho que compramos un loft, y se compra. Uno, no dos..., y si quieres tocar el violonchelo te compras una cabina y te encierras en ella.

CYRILLE   ¡Pues no me sale de los cojones!

DAMIA   ¡Ni a mí de los ovarios!

CYRILLE   ¡Pues no hay millones!

DAMIA   ¡Pues no hay!

CYRILLE   ¡Lo tuyo son caprichos, lo mío necesidades!

DAMIA   ¡Será machista el gilipollas este! ¡O sea, que un Stradivarius, que no lo sabes ni tocar, es una necesidad, y una casa para vivir, un capricho!... ¡Tú has perdido la chaveta, perdona que te diga!

CYRILLE   ¡Quiero aprender alemán!

DAMIA   ¡No seas estúpido, si los alemanes dan gracias a Dios todas las mañanas por no tener que estudiar su idioma!...

CYRILLE   ¡Eso es un mal chiste... y yo quiero expresarme en la lengua de Goethe!

DAMIA   ¡Y yo me compro el caballo de pura raza española! Quiero oírlo relinchar...

CYRILLE   ¡Eso, y lo guardas en el trastero del loft!

DAMIA   ¡No, mejor lo guardo en la cabina del violonchelo! (CYRILLE, *malhumorado, toma un pincel y escribe varias cifras en la pared, se queda pensativo, tira el pincel y se sienta derrotado.*) Y ahora qué pasa...

CYRILLE   ¿Que qué pasa?... Mira...

            (*Le señala los números que ha pintado en la pared.*)

35

DAMIA   (*Mira los números pero sin comprender muy bien.*) ¿Qué?

CYRILLE   ¿Es que no lo ves? No hemos cobrado el premio y ya debemos... ¡dos millones de euros!... ¡Es la ruina!

DAMIA   (*Lacónica.*) Bueno, en definitiva en eso se basa el sistema capitalista, todo el mundo debe algo a alguien... Comprar, tirar, y comprar...

CYRILLE   No entiendes nada.

DAMIA   ¿Ah, no?... Pues explícamelo.

CYRILLE   (*Se levanta y va señalando las cifras.*) El loft, el caballo, lo de tu familia, lo de la mía,... en fin, todo lo que hemos planeado y mira, las cifras no engañan... Y estos son los gastos aproximados aplicando unos precios orientativos, porque los reales serán mayores. Más de nueve millones de euros. Si cobramos siete,... te puedes imaginar...

DAMIA   Lo lógico será renunciar a lo que no nos podamos permitir.

CYRILLE   Eso es muy fácil de decir. (*Se sienta y, de repente, se muestra profundamente abatido.*) No puede ser. Casi se me olvida.

DAMIA   (*Preocupada.*) ¿Qué tienes?

CYRILLE ¿Qué tengo?... Dirás mejor qué no tengo... ¡El yate!... ¡Se me había olvidado el yate!

DAMIA ¿Qué yate?

CYRILLE ¡El yate que nos tenemos que comprar para navegar por los lagos suizos!

DAMIA (*Incrédula.*) El yate...

CYRILLE Ahora debemos más dinero que antes...

DAMIA Sí, porque los yates están por las nubes... (*Irónica.*) ¿Y una piragua?

CYRILLE (*Cada vez más angustiado.*) Y el avión privado, y el festival de Bayreuth, y el de Cannes, y Beverly Hills, la entrega de los Oscar, el circuito de Montecarlo y el casino, la Bienal de Venecia, la Scala de Milán,... la ópera de Sidney,... y...

DAMIA (*Irónica, le sigue la corriente.*) Y la Semana Santa de Sevilla, la Rapa das Bestas, las Habaneras de Torrevieja, el Festival del Cante de las Minas, y los encierros de Pamplona disfrazado de Hemingway.

CYRILLE Y habrá que comprarse un Miró, o un Tàpies, un Barceló, un Murillo... ¡Yo qué sé! Algo que nos dé cultura, empaque... un Mondrian,... no, mejor un Duchamp...

DAMIA	O un Picasso, un Dalí, un Van-Gogh,... por ejemplo... Aunque me encantaría colgar en el salón un cuadro de Tamara de Lempicka.
CYRILLE	Está bien pensado, que no digan que no tenemos un cuadro de una mujer pintora. Tendremos que decorar la casa con gusto.
DAMIA	Un tapiz de la Real Fábrica de ídem.
CYRILLE	¡Se me olvidaba!
DAMIA	¿El qué?
CYRILLE	¡La temporada de caza!... Las cacerías de elefantes en Botswana... Búfalos, antílopes, hipopótamos...
DAMIA	A ti te ha dado con África. Parece que fueras a liquidar a la mitad de la fauna de la sabana...
CYRILLE	Tengo que comprarme inmediatamente un rifle con mira telescópica. y empezar a entrenar ya.
DAMIA	Al jilguero ni lo toques.
CYRILLE	Estoy muy nervioso, esto se nos va a salir de madre.
DAMIA	Tranquilízate. Se puede ser millonario y no haber cazado un okapi en tu vida.

CYRILLE   (*Decidido y levantándose.*) Voy a romper el boleto,... lo voy a romper en mil pedazos ahora mismo... porque nos va a buscar la ruina... ¡La ruina!

DAMIA   (*Intenta detenerlo.*) No hagas tonterías, Cyrille, te vas a arrepentir si lo haces,... lo lamentarías toda tu vida... Cálmate... Ven, vamos a reducir deudas.

CYRILLE   Ya me dirás cómo.

DAMIA   Muy sencillo, yo lo hago a menudo. Por ejemplo, ayer cuando iba por la calle vi un cartel de un piso que se vendía. Por curiosidad pregunté al conserje. Muy amable me explicó las características de la casa. Y le pregunté el precio. Quinientos mil euros, me contestó... Muchas gracias, no me interesa,... y me marché... ¡Me ahorré quinientos mil euros de golpe! ¿Te das cuenta?

CYRILLE   No sé si te quieres reír de mí o me estás tomando el pelo, pero yo te juro que rompo el boleto ahora mismo... (*Se abre la puerta del fondo y entra* NICO, *el hijo de ambos, un joven de unos veintidós años, con los pantalones cagaos, rapao, con anillos en las orejas, tatuajes, una mochila medio rota, una guitarra en una funda raída, y con auriculares en los oídos. Se queda pasmado contemplando la escena de sus padres, mientras se quita los auriculares.* CYRILLE *y*

DAMIA *se percatan de la presencia de* Nico *y tratan de disimular. Él los mira alternativamente sin comprender nada.*) A ti te ponen un caballo y una cebra juntos, y no los distingues.

DAMIA   El caballo sí,... esto..., voy a mezclar la pintura...

CYRILLE   ¿Pongo platos de postre?

DAMIA   Ah, hola, hijo, hoy llegas más pronto...

CYRILLE   ¿Qué tal, Nico?... ¿Qué tal las clases?

NICO   Por las rayas, ¿no?

CYRILLE   ¿Rayas?... ¿Qué rayas?

NICO   De lo que estabais hablando, ¿no?

DAMIA   Ah, sí, las rayas, claro,... el caballo, la cebra,... es que tu padre tiene unas cosas...

NICO   Las cebras tienen rayas.

CYRILLE   Por supuesto que tienen rayas.

NICO   ¿Entonces?

DAMIA   Nada, que tu padre y yo estábamos discutiendo, amigablemente, de las diferentes razas de caballos, y que a mí, si tuviera algún día dinero,... hipotéticamente, si tuviera dinero, repito, pues me gustaría tener un caballo, con su cuadra, su montura, mis botas de montar, en fin, lo que es tener un caballo.... Y entonces tu padre, no sé por qué, ha sacado a relucir lo de las cebras y, la verdad, es que no sé a qué venía ni qué tenía que decir..., porque la cebra es la cebra, y no hay más que hablar, mientras que el caballo, bueno, el caballo es otra cosa.

(NICO *la mira sin entender nada.*)

NICO   Pero... tú eras de ciencias, ¿no, mamá?

CYRILLE   Sí, sí, tu madre hizo ciencias, le gustaba la biología, los animales, la reproducción de las células...

NICO   Ah, bueno, como había oído lo del caballo y la cebra, y distinguir animales y tal,...yo pensaba...

DAMIA   No, si sé perfectamente lo que es una cosa y otra, vamos, que no hace falta estudiar ciencias, que de pequeña me llevaron al zoo, y me lo explicaron y... Lo que pasa es que tu padre me estaba hablando de Livingstone, y de las cataratas y de África, entonces yo enseguida he relacionado África, cebras, rayas, raza árabe, caballo, especies equinas,... y bueno, hemos mezclado ahí todo un poco, pero ya nos vamos aclarando...

CYRILLE   Sí, sí, ha quedado todo muy claro, el caballo, la cebra y el violonchelo...

NICO   Yo no entiendo nada... ¿A qué viene ahora lo del violonchelo?

DAMIA   (*Improvisa.*) Pues nada, que tu padre ha conocido a un alemán, que se llama Helmut, y que le quiere dar clases particulares...

NICO   (*Cada vez más confundido.*) ¿Que tú le quieres dar clase de violonchelo a ese tal Helmut?

CYRILLE   (*Mirada de reproche a su mujer.*) No, hombre, de violonchelo no...

NICO   Ah, de español... Y... ¿a cuánto le vas a cobrar la hora? Porque a lo mejor me interesa.

CYRILLE   (*Improvisa.*) No, verás,... yo no le voy a enseñar español... Helmut es el que me va a enseñar alemán...

NICO   Ah, que eres tú el que va a aprender alemán.

CYRILLE   Eso es,... bueno, cuando encuentre a Helmut.

NICO   ¿Pero no lo has encontrado ya?

CYRILLE   Sí, pero cuando se despedía se me ha olvidado pedirle su móvil y ahora tengo que esperar a encontrármelo de nuevo para pedírselo.

NICO   Con este Helmut qué pasa, ¿que se está pa-
             seando por la acera arriba y abajo a ver si se en-
             cuentra alguien para darle clases de alemán?

CYRILLE   Bueno, algo así, él está ahí, y ofrece sus servi-
             cios al que se le acerca.

NICO   Ya, como maestro de lenguas, como un pros-
             tituto de los idiomas...

CYRILLE   Bueno, es una forma de ganarse la vida.

NICO   ¿Y tiene zonas ya determinadas que frecuenta?

CYRILLE   Bueno, ahora está empezando.

NICO   ¿Y qué tiene que ver el alemán con el violon-
             chelo?

DAMIA   Mucho, hijo, mucho...

NICO   Pues ya me explicaréis...

DAMIA   Está clarísimo, y parece mentira que tú, que
             tocas la guitarra, no lo entiendas.

CYRILLE   ¿De dónde era Beethoven?

NICO   ¿Alemán?

CYRILLE   ¿Y Wagner?

NICO   ¿Alemán?

DAMIA   ¿Y Bach?

NICO   Alemán también... ¿ no?...

CYRILLE   ¡Pues claro!

NICO   Ah, o sea, que lo del alemán tiene que ver con la música y el violonchelo... Me estabais asustando.

CYRILLE   Joder, es que con esto de la reforma, la pintura, el aguarrás, el ácido sulfúrico que se mete por la nariz,... estamos todos un poco... despistados...

DAMIA   Sí, a mí el barniz de las puertas... yo creo que hasta me coloca...

NICO   Será eso. ¿Hoy cenamos o...?

DAMIA   Sí, hijo, hoy sí toca.

NICO   Menos mal, porque vengo desmayado... y tengo un hambre que da calambre...

          (*Ríe su propia gracia.*)

CYRILLE   Creo que es hora de dejarlo y hacer un paréntesis, tomar unas birras y relajarnos, que falta nos hace...

          (*Va a buscar una pequeña mesa camilla, retira la sábana que la cubría y trae unas cervezas de*

la nevera y unos mini bocadillos. Mientras, DA-
MIA *habla confidencialmente a* NICO.)

DAMIA   (*Aparte, a* NICO.) Oye, hijo, una pregunta, es
        que a una ya le asaltan las dudas... Stockhau-
        sen... ¿no es contemporáneo?

NICO   No sé, *ma*, ahora mismo, así, de golpe... ¿No
        era un delantero del Borussia?

DAMIA   No sé, es que tu padre...

NICO   (*Tira de móvil y consulta.*) ¿Stockhausen...?

DAMIA   Eso ha dicho...

NICO   Aquí está... Compositor, *ma*,... alemán, nació
        en 1928... Eso es del siglo pasado, ¿no?

DAMIA   Vale, vale, déjalo, con eso es suficiente. (CYRI-
        LLE *llega con la mesa y las bebidas.*) Sí, vamos
        a descansar.

NICO   Eso, así aprovecho para daros la sorpresa que
        os traigo.

DAMIA
/CYRILLE   (*Ilusionados.*) ¡Una sorpresa!

NICO   (*Saca un pequeño fajo de billetes y lo suelta so-
        bre la mesa.*) Ahí están... ¡Seiscientos euros
        como seiscientos soles!

(*Engulle un mini bocadillo.*)

CYRILLE   Nico, no quiero dinero negro en mi casa.

NICO   Pero, *pa*, si es legal, todo legal...

DAMIA   ¿De dónde ha salido ese dinero?

NICO   Suerte que tiene uno. Bueno, y esto solo es la mitad, la otra mitad es de Aika, mi piba.

(*Muerde otro bocadillo.*)

CYRILLE   Pero ¿qué habéis hecho?

NICO   ¿Que qué hemos hecho? Pues jugar a los ciegos,... yo que en mi vida había jugado, pero me picó Aika, a ver si sacábamos pelas para largarnos al festival rock de Alemania... Y aquí están,... mil doscientos euros. ¿A que mola?

DAMIA   (*Emocionada.*) ¡Qué alegría, hijo!

NICO   (*Repartiendo.*) Doscientos para ti, *pa*,... doscientos para ti, *ma*,... y doscientos para mí... Hala, *pa*, para que vayas al Iguazú ese... que tantas ganas tenías... Y tú, *ma*... para que des la entrada para un caballo...

CYRILLE   No, hijo, guárdatelo, este dinero lo has ganado tú y es para ti.

NICO   ¡Que no, coño! ¡Que os lo quiero dar yo! Además, ahora tenemos muchos gastos con la reforma, la pintura, acuchillar el parqué, y un microondas nuevo...

DAMIA   (*Le da un beso.*) Muchas gracias, hijo, pero a ver si te vas a quedar sin dinero para el festival...

NICO   Venga, que me abro, que he quedado con Aika para mirar lo de las entradas y los billetes. Me piro Vicente que son y veinte...

          (*Ríe su gracia. Coge dos bocadillos. Sale* NICO. *Una vez solos,* CYRILLE *y* DAMIA *apuran las cervezas y retoman la tarea de la pintura. Cada uno se dirige a su escalera, cogen el bote y el rodillo y empiezan a pintar.*)

DAMIA   Te digo que Nico tiene buen corazón.

CYRILLE   Tenemos que estar orgullosos de él.

DAMIA   Deberías aprender. Mira cómo enseguida ha repartido lo poco que le ha tocado, y nosotros discutiendo por nada.

CYRILLE   Tienes razón. Si tuviéramos tanta suerte como él,... esta noche seríamos millonarios.

DAMIA   ¿Dónde has dejado el boleto?

CYRILLE   ¿Por qué lo preguntas?... ¿Por si me muero?

DAMIA   Muy gracioso.

CYRILLE   En el frigorífico.

DAMIA   Déjate de bromas... ¿Lo llevas en la cartera?

CYRILLE   No, te digo que está en la nevera.

DAMIA   ¿Encima de la nevera?

CYRILLE   No, dentro de la nevera.

DAMIA   ¿Pero cómo se te ocurre guardarlo ahí?

CYRILLE   Debajo de la bandeja de los lenguados.

DAMIA   Tú no eres normal.

CYRILLE   Es uno de los sitios más seguros de la casa. Ahí nunca miran los ladrones.

(DAMIA *se dirige al frigorífico y recupera el boleto.*)

DAMIA   Esto lo cuento en la biblioteca y me dicen que pida cita con el psicólogo. Pon la radio y así nos enteramos del sorteo.

CYRILLE   (*Mira el reloj.*) Voy al dormitorio a escucharlo, es justo la hora.

(*Baja de la escalera y entra en el dormitorio.*)

DAMIA   Me tienes en ascuas. (*Continúa pintando y habla para sí.*) Sería un milagro que nos tocase, nunca hemos tenido suerte con los juegos de azar,... bueno, ni con los juegos ni con nada, porque somos unos auténticos gafes. Si hasta Nico nos nació prematuro. Si es que el que nace pobre..., vive pobre y... muere miserable. Y si Cyrille fuera otro hombre, pero no,... el pobre tiene un imán para las desgracias. Como el día aquel que se le quemó la mitad de los billetes de la paga de Navidad en el fuego mediano de la cocina. ¿Es que no vio que tenía la llama encendida para freír los boquerones? Hay que ser gilipollas, porque esa es la palabra... y no hay otra. (*Regresa* CYRILLE *del dormitorio enarbolando el boleto y casi sin poder hablar, tartamudea. Inopinadamente, se queda paralizado, entra en un estado de máxima ansiedad y pánico. Asustada.*) Cyrille,... cariño... ¿Qué te pasa?... ¿Qué ocurre?

CYRILLE   (*Casi sin poder articular palabra.*) No... No...

DAMIA   No me asustes, por Dios, Cyrille... ¿Es un ictus?... Dime algo... ¿Somos ricos?... ¿Vamos a ser felices?... Reacciona...

CYRILLE   ¡Damia... Damia..!

DAMIA   ¡Qué!

CYRILLE (*Balbucea.*) No puedo, no puedo...

DAMIA ¿Han dado ya la combinación ganadora?

CYRILLE No puedo escuchar el sorteo. Me angustia muchísimo deber tanto dinero, verme arruinado, tirado en la calle o en la cárcel, perseguido por lo acreedores...

DAMIA Tranquilízate, Cyrille, tranquilízate. No sabes si nos ha tocado.

CYRILLE Da igual... no quiero saberlo... ¡No quiero saberlo! Es mejor así, es nuestro sino... A veces hay que tomar duras y difíciles decisiones en la vida... y esta es una de ellas. He vivido toda mi vida así y voy a seguir igual. Sin preocupaciones, sin envidias, sin odios... ¡A la mierda el capital!

(*Coge el boleto y lo rompe en mil pedazos que van cayendo al suelo.*)

DAMIA (*Angustiada, sin dar crédito a lo que ve, intenta evitarlo pero ya es tarde.*) ¡Cyrille, nooo!

CYRILLE (*Como ausente.*) Ya está... Ya está hecho. Ahora me siento mucho mejor. Puedo respirar tranquilo,... ya no tengo deudas. Me he quedado más relajado, como si me hubieran quitado dos elefantes y una cebra de encima. El dinero no da la felicidad. Pobre, pero honrado. *Alea iacta est...*

DAMIA   ¡Estás loco! (*Se sienta en el suelo, desconsolada, rodeada de los papelitos.*) Rematadamente loco, como una chota...

CYRILLE   (*Reacciona alegremente, pero embobado.*) ¡Libre, soy libre! ¡No tengo deudas!... ¡Soy pobre!... ¡Viva la miseria!... ¡Vivan las cadenas!... ¡Justicia!... (*Coge la cartera, saca unos billetes y los va rompiendo y tirando al aire.*) ¡Me sobra el dinero,... no sirve para nada! Solo para dar disgustos...

DAMIA   (*Descompuesta, se incorpora.*) Eso es para lo único que sirves tú, para darme disgustos, desgraciao... (CYRILLE *ha cogido su bolso, y saca la cartera, pero* DAMIA *llega a tiempo de quitárselo de las manos.*) ¡Deja mi cartera! No solo no somos ricos sino que encima nos quieres arruinar... ¡Toma, aspira un poco de sulfúrico o de aguarrás a ver si espabilas! Este hombre es un peligro...

CYRILLE   He hecho lo que había que hacer.

DAMIA   (*Atónita ante la reacción de* CYRILLE.) ¡¡La madre que te parió!!... Encima te permite grandes frases para la historia. ¡¡Tú estarás cataléptico, pero yo te mato,... te juro que te mato!!... ¡No me lo puedo creer!... ¡Será pusilánime el imbécil este!... ¿Y si nos llegara a tocar?

CYRILLE   (*Como si se recuperara de un trance.*) ¿Qué pasa? ¿Qué ha ocurrido?... ¿Y esos papelitos por el suelo?... ¿Qué has hecho?

DAMIA   ¡No, si ahora la culpa será mía!... ¡Mi caballo de carreras! ¡Serás cabrón!... Si esto ya lo sabía yo, si eres un auténtico desastre. (*Solloza, desolada.*) Mi loft,... mis libros,... mi caballete,... mis baños de sol,... los viajes,... el dinero de mis padres... Todo a la mierda por culpa de este montón de células mal engranadas... (CYRILLE *no se da por aludido.*) Tú, sí, tú,... esto va por ti. En un instante has echado a perder todas nuestras ilusiones.

CYRILLE   (*Conciliador, intenta calmarla.*) Damia, es mucho mejor así, no tener nada, vivir de nuestro trabajo, sin ambiciones, sin lujos, pero sin deudas, como hemos vivido siempre, sin ser esclavos de este capitalismo salvaje que solo incita a consumir cada vez más. Comprar, tirar, y comprar. Siempre comprar. Comprar cosas que no necesitamos. ¿Para qué?... Para endeudarnos, para amargarnos la existencia, para tenernos cogidos por el cuello. Ya lo dijo Séneca... *La verdadera felicidad no consiste en tenerlo todo, sino en no desear nada.*

DAMIA   ¡Ahora sacas a relucir al pobre Séneca! ¡Calla, no hables más, porque cuanto más hablas más me descompones! Te oigo y me dan ganas de pasarte por la túrmix.

CYRILLE   Tengo la impresión de que he sufrido un proceso de enajenación mental transitoria.

DAMIA   ¿Transitoria?... ¿Transitoria, dices? Lo tuyo es crónico.

CYRILLE   ¡Y yo qué culpa tengo! No era dueño de mis actos.

DAMIA   ¡Tú nunca tienes culpa de nada. Si eso ya lo sé yo! (*Hace amago de tirarle la brocha con rabia y luego sigue.*) ¡Es que a cualquiera que se lo cuente no se lo cree! En la mano,... hemos tenido la diosa fortuna en la mano... Nos podía haber tocado... y el muy capullo va y la destroza... ¿Qué te parece?... ¡Es que me dan ganas de beberme el bote de pintura o ponértelo de montera!

CYRILLE   Ha sido un accidente.

DAMIA   ¡Tú sí que eres un accidente... pero de la naturaleza! (*Tenso silencio. Desganados, derrotados, los dos vuelven a la tarea de pintar. De pronto se dan cuenta de que* DAMIA *está pintando en blanco y* CYRILLE *en negro.*) ¡Tú es que me quieres amargar la vida o qué! ¿No has tenido suficiente?

CYRILLE   Dijimos que esta zona iba a ir en negro.

DAMIA   ¡Cómo que en negro, si quedamos al final que daríamos un blanco crudo!

CYRILLE   ¡Crudo! ¡Crudo me lo estás poniendo! Es que ni en esto nos ponemos de acuerdo. ¡Acordamos que iba en negro!

DAMIA   (*Con sorna.*) ¡Sí, para que puedas colgar y destaque el retrato de Livingstone al borde de las cataratas... Victoria!

CYRILLE   (*Igual.*) ¡No, en blanco, para que resalte el alazán que vas a pintar!

(*Se abre la puerta de la calle y entra* NICO *muy contento.*)

NICO   (*Despreocupado, luce las dos entradas.*) ¡Dos entraditas para Wacken, el festival más «heavy» del mundo, *pas*! (*Se percata de que algo no va bien.*) Pero ¿qué os pasa?... Qué... ¿Vais a pintar un tablero de ajedrez?

DAMIA   Tu padre, que no se entera.

CYRILLE   Tu madre, que no se aclara.

NICO   Os noto un poco tensos.

DAMIA   ¡Como para no estarlo!

NICO   ¿No habéis escuchado la radio?

DAMIA   No, si encima habrá habido algún tsunami.

NICO   Algo mejor... *Pa* tiene el boleto premiado.

DAMIA   No digas bobadas... ¿Y tú cómo lo sabes?

NICO   *Pa* juega siempre los mismos números, me los sé de memoria. Estaba con Aika cuando lo dieron y he salido corriendo. Creí que lo sabíais.

CYRILLE   ¿Es eso cierto, Nico?

NICO   Fijo, *pa*..., no te voy a engañar...

DAMIA   Aquí no nos enteramos de nada porque tu querido padre ha apagado la radio.

NICO   (*Incrédulo.*) Que no os habéis enterado, vamos...

CYRILLE   Bueno,... esto tiene una explicación...s

NICO   Pues tiene que ser una explicación *dabuten*... porque eres el único acertante y te han caído *mazo* millones de *euracos*...

DAMIA   Mira Nico,... que la cosa no está para bromas.

NICO   Que sí, *ma*... Pregúntale a mi piba... o entra en internet...

DAMIA   (*Deja lo que estaba haciendo y se abraza a su hijo.*) No, no hace falta,... basta con que me lo digas tú.

NICO   ¿Por qué estáis así?

DAMIA   Si supieras lo que acaba de hacer tu padre, lo entenderías.

NICO   ¿Qué ha hecho *pa*?

DAMIA   Que te lo cuente él, que tiene más gracia.

CYRILLE   No, mejor que lo haga tu madre, que sabe los colores que vamos a dar en la pared.

DAMIA   ¡Esto ya no hay quien lo aguante!... ¡Lo mejor de todo es que tu padre, aquí presente, poseído repentinamente por una poderosa e irrenunciable conciencia de clase, aquí, el autor de tus días... ¡ha roto en cachitos el boleto!... ¿Qué te parece?... Lo ha roto en mil pedazos... ¡A que mola! ¿eh?

CYRILLE   ¡Ha sido un accidente!

NICO   ¡¡Guuuauuu!!... ¡Ha echado a perder siete millones de euracos!

DAMIA   Como lo oyes,... así, en una millonésima de segundo. Son todos esos papelitos tan monos que ves por el suelo. ¿Has dicho siete?

NICO   Sí, exactamente siete millones. ¡Dios, qué fuerte ¿no?!... ¿Y qué vais a hacer?

DAMIA   ¡Tú no sé, pero yo lo voy a trocear, lo hago picadillo y lo meto en el horno a doscientos cincuenta grados y las cenizas las tiro por el váter!... ¿Te parece bien así?

CYRILLE   ¿Y yo qué culpa tengo?

DAMIA   Ninguna, solo que en una diezmillonésima parte de un segundo has dado un giro a mi vida de trescientos sesenta grados. De verme millonaria, sin trabajar y pudiendo conseguir todos mis sueños... a seguir pintado la pared del comedor de la casa de color... ¡negro!..., como el porvenir que me espera contigo.

CYRILLE   ¡Te repito que no tengo la culpa. Ha sido un acto involuntario! ¡¡No era dueño de mis actos!!... ¿Lo puedes dejar ya?

DAMIA   No, no lo puedo dejar. Todo lo tienes que estropear y echar a perder. Es que la has jodido pero bien... Como en aquel viaje en Riga...

NICO   No discutáis. No vais a conseguir nada con eso.

CYRILLE   (*Poco a poco va reaccionando.*) No me lo puedo creer... ¡Somos millonarios!

DAMIA   (*Señala los papelitos.*) Sí, ahí tenemos los millones, gracias a ti...

CYRILLE   (*Abraza a su hijo.*) ¡Qué alegría, Nico!... ¡Qué alegría!

DAMIA   A ver si aprendes algo de tu hijo.

CYRILLE (*Repentinamente eufórico.*) Podrás tener tu propia casa, ir a todos los conciertos de rock por todo el mundo... (*Repara en lo que ha hecho.*) Si no hubiera roto el boleto...

NICO (*Se fija en los papeles del suelo.*) ¿Y está todo aquí?

DAMIA Sí, hijo mío,... en esos trocitos que ves ahí está tu herencia. Mira en lo que se ha convertido.

NICO (*Animado.*) Esto se puede pegar.

CYRILLE Ojalá...

NICO Sí, *pa*,... lo podemos arreglar.

DAMIA (*Ilusionada.*) Nico, tiene razón. Con paciencia los podemos juntar.

CYRILLE Eso no te lo admitirán.

NICO ¿Por qué no? Leí una vez que un décimo de lotería lo metieron en la lavadora con la camisa y luego lo arreglaron y lo pudieron cobrar. Vamos a recogerlos.

(*Se agacha y empieza a recoger papelitos.*)

DAMIA (*Sigue a* NICO *y empieza a recoger.*) ¿Ves?... Hacemos como un puzle y lo llevamos a la central esa de las Loterías y Apuestas del Estado.

CYRILLE   No estoy muy seguro.

DAMIA   Tú recoge y calla, que bastante lo has estropeado ya.

     (CYRILLE *empieza también a recoger. Cuando tienen un buen puñado, los esparcen sobre la mesa y empiezan a ordenarlos para recomponer el rompecabezas del boleto.*)

CYRILLE   ¿Y esto valdrá?

DAMIA   ¡Colócalos y fíjate bien cómo los pones, a ver si vas a cambiar los números!

CYRILLE   Pero...

DAMIA   ¡Que los ordenes te digo!...

CYRILLE   No te pongas así.

DAMIA   No, si encima te tendré que dar las gracias. Y no se te ocurra estornudar, porque tú eres así de simple. Coge el papel de celo,... lo que sea con tal de poder pegar todos los cachitos.

NICO   No le pongas nervioso.

CYRILLE   Esto no sé yo si...

NICO   Sí, *pa*, ya verás como funciona.

(*Después de mucho esfuerzo consiguen recomponer el boleto con papel celo.* DAMIA *contempla el puzle de pedacitos que han pegado.*)

DAMIA   Ahora no vuelvas a hacer otra de las tuyas.

CYRILLE   Los de las Apuestas no lo van admitir.

NICO   Iremos a un notario.

DAMIA   Esa es buena idea.

CYRILLE   Con lo que cuesta un notario.

DAMIA   Por favor, Cyrille, déjalo ya. Esto es válido. ¡Vamos que si es válido! Me voy yo a perder de ser millonaria una vez en la vida por tu culpa.

NICO   Decimos que se nos olvidó en la lavadora y lo hemos tenido que recomponer.

DAMIA   No, mejor en la nevera, que es donde guarda tu padre las cosas de valor.

(*Enfadados, cada uno se dirige a la parte de la pared que estaba pintando:* DAMIA *la de blanco,* CYRILLE *la de negro.*)

NICO   Bueno, al final... ¿cómo lo vais a pintar?

CYRILLE   (*Malhumorado.*) ¡Blanco!

DAMIA   (*Igual.*) ¡Negro!

Oscuro.

Acto segundo

Siete meses después. Amplio, diáfano y elegante salón, con una decoración vanguardista y una nutrida biblioteca. CYRILLE *intenta tocar el violonchelo, pero se equivoca constantemente de notas y produce un sonido molesto.* DAMIA *está pintando frente a un caballete y de cuando en cuando mira al caballo de cartón de tamaño natural que le sirve de modelo.* NICO, *provisto de auriculares, compone una canción con la nueva guitarra ante una sofisticada mesa de mezclas de sonido. De las paredes cuelgan sendas reproducciones de cuadros de Tamara de Lempicka, Van-Gogh, Murillo y el célebre urinario –La fuente de Duchamp–. En el centro una mesa alargada preparada para la comida.*

DAMIA   (*Pinta y mira alternativamente al modelo.*) El dinero no dará la felicidad, pero hay que ver lo que se le parece.

CYRILLE   No es Zürich, pero casi...

DAMIA   ¡Qué bien se vive sin trabajar!

CYRILLE   (*Desesperado con el instrumento.*) Yo estoy muy estresado.

DAMIA   Cariño, no es necesario que toques tanto tiempo seguido, puedes incluso descansar un rato. Además, tienes tu propio estudio.

CYRILLE   Prefiero ensayar aquí.

DAMIA   Han llamado mis hermanos.

CYRILLE   ¿Se han instalado ya en sus nuevas casas?

DAMIA   Sí. Están como niños con zapatos nuevos. No se lo esperaban. ¡Menuda ilusión!

CYRILLE   Nos han costado un riñón, pero en fin, todo sea por la familia.

DAMIA   Tus hermanas tampoco se podrán quejar.

CYRILLE   Solo falta que encima protestasen, que les ha caído el maná del cielo.

DAMIA   Tus padres no se lo podían creer.

CYRILLE   Pues los tuyos se restregaban los ojos a ver si no era un sueño.

DAMIA   Me alegro por ellos. Han pasado tantas calamidades. Al menos ahora podrán disfrutar algo de la vida.

CYRILLE   Ellos contentos, nosotros contentos. (*Irónico, repara en el cuadro.*) ¿Cuándo haces tu primera exposición?

DAMIA	(*Igual.*) Cuando des tu primer concierto.
NICO	Igual tarda un tiempo. (*Transición.*) ¿Sabéis a quién he visto en la calle?
DAMIA	¿A quién, hijo?
NICO	A Helmut.
DAMIA	¡¡No!!
CYRILLE	Nico, eres el único que hace realidad nuestros sueños.
DAMIA	¿Y habéis hablado?
NICO	La semana que viene empezamos las clases.
CYRILLE	Estupendo. Ya nos contarás cómo te va.
DAMIA	Esta tarde tengo que entrenar con *Fortuna*, mi magnífico alazán. (*A* CYRILLE.) ¿Puedo coger el Ferrari o vas a salir?
CYRILLE	No, te lo puedes llevar.
DAMIA	El próximo mes hay una exhibición en la Escuela Española de Equitación en Viena. ¡Me muero de ganas por ir!
CYRILLE	Si no nos coincide con otro evento cultural.

NICO   ¡Qué barbaridad! Estáis en un plan desde que tenéis *pelas*.

DAMIA   La vida es breve, hijo, la vida es breve.

CYRILLE   Y da muchas vueltas.

DAMIA   (*Mira el reloj.*) Se me ha pasado el tiempo volando. Creo que deberíamos comer.

CYRILLE   (*Deja el violonchelo.*) Tienes razón. Esta tarde tengo clase. Avisaré al servicio.

(*Hace sonar una campanilla.*)

Oscuro.

Acto tercero

*Cinco años después. Estudio diminuto y cocham-
broso alumbrado por una escuálida bombilla.
DAMIA vestida de guarda jurado está sentada leyendo un libro. Entra por la puerta de la calle
CYRILLE con mono de pintor, lleno de manchas,
y una bolsa con brochas y rodillos.*

CYRILLE   (*Deja la bolsa en el suelo y da un beso desgana-
do a* DAMIA.) Hola, cariño, ¿qué haces?

DAMIA   Ya ves, leyendo a Séneca, que es muy útil para
mi trabajo y para nuestra situación. El único
libro que pude salvar de la ruina. Me lo sé de
memoria.

CYRILLE   Por lo menos es gratis.

DAMIA   Y ya llevamos cinco años. Te dije que había
que pedir la excedencia y no largarse por las
buenas.

CYRILLE   (*Sentencia.*) Vivir como reyes, morir como
mendigos.

(*Con aire mustio se sienta rendido en una ban-
queta coja.*)

DAMIA   (*Deja el libro.*) ¿Hoy cenamos?

CYRILLE   No, déjalo, no sea que nos siente mal.

DAMIA   Nos han cortado el teléfono.

CYRILLE   Un gasto menos.

DAMIA   El gas nos lo cortan mañana.

CYRILLE   Tenemos el infiernillo.

DAMIA   Vamos por el tercer aviso de la compañía de la luz.

CYRILLE   ¿Cuándo la cortan?

    (*En ese preciso instante se apaga la luz de repente. Unos segundos de silencio.*)

DAMIA   (*Se oye su voz en la oscuridad.*) Hoy.

CYRILLE   (*Enciende dos velas que iluminan tímidamente la escena.*) Estas son las que nos quedan del último cumpleaños.

DAMIA   (*Con retranca.*) Estamos a dos velas.

CYRILLE   Muy aguda, cariño.

DAMIA   Y el lunes nos cierran el agua.

CYRILLE   A la fuente. ¿Queda alguna buena noticia más?

DAMIA   El desahucio.

(*Vuelve la luz.*)

CYRILLE   Menos mal, solo era un aviso. ¿Has llamado a tus hermanos?

DAMIA   No contestan. No quieren saber nada de nosotros.

(*Apaga las velas.*)

CYRILLE   Encima que les compramos un chalé a cada uno.

DAMIA   Pues tus hermanas tampoco se han quedado atrás.

CYRILLE   Menos mal que no nos ven nuestros padres.

DAMIA   Sí, porque se volverían a la tumba horrorizados.

CYRILLE   ¿Cuánto nos queda por devolver?

DAMIA   (*Maquinalmente.*) Sin los intereses, un millón quinientos treinta y tres mil euros con cuarenta y cinco céntimos.

CYRILLE   Un poco menos que el mes pasado.

DAMIA   ¿Qué hemos hecho mal, cariño?

CYRILLE   Todo, Damia,... todo lo hemos hecho mal.

DAMIA   Esto nos ha pasado por ser generosos.

CYRILLE   Y por darnos caprichos inútiles y creer que el dinero no se acaba.

DAMIA   ¿Pagaremos la deuda en esta vida?

CYRILLE   Necesitamos dos vidas por lo menos.

DAMIA   Pobre Nico, la herencia que le vamos a dejar...

CYRILLE   (*Echa un vistazo a las paredes desconchadas.*) Podemos darle una mano de pintura a las paredes, porque falta les hace.

DAMIA   ¿Una mano de pintura? Cyrille, no estoy para bromas. ¿Dónde has estado?

CYRILLE   Me he pintado yo solo una nave industrial. Vengo reventado.

DAMIA   ¿No te ha salido ninguna chapuza?

CYRILLE   Todavía es pronto. He pegado los anuncios por el barrio. (*Gráficamente.*) «Se pintan casas a domicilio. Económico».

DAMIA   Es que si no vas a la casa, no te vas a traer los tabiques aquí.

CYRILLE   Es para que vean que doy facilidades. Mañana, día treinta, nos pagan. ¿Jugamos a la Primitiva o comemos?

DAMIA   Hay que ver, para no haber cenado, el humor que tienes. Oye, ¿tú qué haces con los botes y las brochas de la empresa?

CYRILLE   Esta noche han robado en la obra. El material que falta lo tenemos que pagar nosotros. Mañana me traigo los disolventes.

DAMIA   Cyrille, cariño, ¿tú crees que podemos ir a peor?

CYRILLE   Eso es lo malo, mi vida, que no podemos ir a peor, porque eso significaría que ahora estaríamos un poco mejor.

DAMIA   ¡Quién lo podía imaginar! Nosotros, que lo hemos tenido todo... el loft, el caballo, el violonchelo...

CYRILLE   No era Stradivarius.

DAMIA   Pero te costó un buen dinero.

CYRILLE   Tampoco fuimos a las cataratas Victoria.

DAMIA   ¡Pero menuda semana nos pasamos en el monasterio de Piedra!

CYRILLE   ¡Cómo vas a comparar una cosa con otra!

DAMIA   ¡Mucho más bonito el monasterio!

CYRILLE   También tú tienes un humor...

DAMIA   ¿Te has dado cuenta? Lo bien que se puede vivir sin nada.

CYRILLE   Cariño, aunque te hayas vuelto estoica, habría que matizar.

DAMIA   Quiero decir sin todas las necesidades inútiles que te crea la sociedad.

CYRILLE   Ya lo dije. Vivir como reyes, morir como mendigos. A eso es a lo que nos condenan. ¿Mañana dónde te toca vigilar?

DAMIA   En el ministerio de Hacienda.

CYRILLE   ¡Qué ironía! Con el interés que tienen sus funcionarios en cobrarnos las deudas. ¿Ha llamado Nico?

DAMIA   Lleva semanas sin dar señales de vida.

     (*De repente se abre de golpe la puerta de entrada y aparece* NICO. *Va vestido como una rutilante estrella del rock con una guitarra eléctrica y entra eufórico.*)

NICO   (*En perfecto alemán.*) ¡Ich habe eine Weltreise unterschrieben! ¡Ich werde Gold Machen![1].

---

[1] He firmado una gira mundial… Me voy a hacer de oro…

(DAMIA y CYRILLE *se quedan pasmados, sin poder reaccionar.*)

DAMIA   ¡Nico, qué sorpresa!

(*Va hacia* NICO.)

CYRILLE   ¡Dame un abrazo!

(*Igual.*)

NICO   ¡Lo he conseguido! ¡He triunfado!

CYRILLE   Perdona, hijo, pero recuerda que no llegué a empezar las clases con Helmut. ¿Qué has dicho al entrar?

NICO   *Pas*, he firmado una gira mundial. ¡Me voy hacer de oro! Soy artista exclusivo de una discográfica alemana.

DAMIA   ¡Qué alegría, hijo!

CYRILLE   ¡Te lo mereces! Tienes talento.

NICO   Despedíos de este antro. Yo me encargo de todo. A partir de ahora no os va a faltar de nada.

CYRILLE   Esto irá en serio, ¿no? Porque no tenemos ganas de bromas.

Nico	Wirklich![2]. En serio, *pa*.
Damia	¡Oh, albricias! ¡Deus ex machina!
Nico	¿Qué dices, *ma*?
Damia	Nada, hijo mío, nada. Cosas mías... y del teatro.
Nico	¡Ah, vale!
Cyrille	Tenemos una segunda oportunidad. A ver si no la echamos a perder.
Damia	Tú, por ahora, no tomes ninguna decisión, porque eres capaz de arruinarnos dos veces.
Cyrille	Como si yo hubiera tenido la culpa de todo.
Nico	*Pa*, déjalo, si no merece la pena. No cometáis los mismos errores, y punto.
Damia	Este hijo nuestro piensa.
Cyrille	A quién habrá salido...

(*Cruce de miradas irónicas.*)

Damia	Eso, a quién...

---

[2] Es verdad...

(*Transición.*)

CYRILLE   ¿Sabes lo primero que voy a hacer?

DAMIA   No empieces con el Stradivarius, porque aquí no entra ni un flautín.

CYRILLE   Comprar un décimo de lotería.

DAMIA   (*A* NICO.) Ves, Nico, la falta de glucosa, de sodio y de líquidos ha atrofiado, un poco más, si cabe, el cerebro de tu padre. (*A* CYRILLE.) Ni lo intentes. Tú eres incapaz de reconocer la fortuna que te ha tocado con tener un hijo como Nico. Así que no lo estropees más. y no vuelvas a tentar a la suerte.

CYRILLE   De todas maneras, pienso comprarlo.

DAMIA   ¿Para qué?... ¿Para disfrutar rompiéndolo si te vuelve a tocar? Tú no riges bien.

CYRILLE   Esta vez todo va a ser diferente.

DAMIA   Tú hazlo, ya verás cómo la vamos a tener. Anda, enciende las dos velas, que son lo único que tenemos para celebrarlo. Oye, Nico, escucha. Como he tenido tanto tiempo para leer, cuando todavía teníamos libros y la lectura era nuestra mayor riqueza, y luego pasó lo que pasó, y no quiero entrar en detalles, me quedé con esta frase, (*Con intención mira* a CYRILLE.) que no es de Séneca, pero como si lo fuera, que es tan bonita y nos viene al pelo. (*Se esfuerza para no equivocarse.*) «Cum fovet fortuna, cave, namque rota rotunda».

NICO   ¡*Joé, ma*, no lo he *pillao* del todo, porque yo griego, pues qué quieres que te diga, pero te ha *quedao dabuten.*

DAMIA   Menudo griego estás tú hecho. Hablando claro... «*Cuando la fortuna te favorece, ten cuidado, porque la rueda gira...*». A ti que se te da bien la guitarra, a ver si puedes hacer algo con ella...

NICO   ¡Ah, coño, así sí! (*Desenfunda la guitarra.*) A ver, repite, a esto le pongo yo música...

DAMIA   (*A* CYRILLE, *con retranca.*) Y tú, a ver si te enteras, que el dinero no da sabiduría... ¡Stockhausen es contemporáneo!

CYRILLE ¡Es lo mismo, es alemán, que es lo que importa!

DAMIA   ¡Para lo que te ha servido! ¡Y no vuelvas a llevarme la contraria o no pinto más la casa contigo!

CYRILLE ¡Eres imposible! ¡Yo me voy al Palace!

DAMIA   ¡Y yo al Ritz!

NICO   (*Para sí.*) Estos no cambian, ni con dinero, ni sin dinero. En fin, no se es feliz todo el tiempo.

(NICO *arranca algunos acordes rasgueando la guitarra mientras se hace lentamente el...*)

Oscuro.

Acta est fabula.

Esta primera edición de un *Stradivarius en la basura*,
de Pedro Catalán García, terminó de imprimirse
en diciembre de dos mil veinticinco,
en Madrid.